# Ficció

# Inc.

## Mat de Melo

Edición de los Viajeros del Tiempo

ISBN 13: 978-989-33-6409-3

nova ink
printhouse
subculture
books

Trademark Mat de Melo
cinematic, montage
poetry

Agradecimientos

Un agradecimiento especial a los poetas que golpean la máquina de escribir. A los creadores de ideas de medianoche. A los actores hambrientos de escenario. A los artistas torturados y a los genios incomprendidos. A aquellos que confían en el poder de las ideas y a cualquiera que haya deseado más. Este es para nosotros.

Vi al ángel en el mármol y

tallé hasta liberarlo.

– Miguel Ángel

# Ficción Inc.

# ACTO I

## Escena 1

Un teatro de *arthouse*.

**Se apagan las luces y se abre el telón.** El protagonista emerge del escenario, y lee su monólogo al teatro.

MILO Llueva o truene, pase lo que pase, nuestras intenciones son de oro y nuestras ventajas un

defecto trágico incorporado.
Qué ideas tan románticas,
querer y no tener. Hacer
realidad lo que no existe.
¿No hay un plano, un manual
para esto? Olvídate de las gotas
de lluvia. Ponte el impermeable
y no te preocupes. La noche
está casi aquí, y más tarde,
tú y yo estaremos en la luna.

Al haz del proyector.
Qué extrañas sensaciones tener
todas las respuestas, de ver el
mundo en color, y tener todo
lo que importa. El libro de
cuentos imágenes en
movimiento se mueve a

24 fotogramas por segundo, pero esta casi fantasía es una revelación lenta.

Juno está en una escalera con un rollo de cinta adhesiva.

JUNO Usted puede traer la casa abajo.

MILO Puede que sí, puede que no,... pero eso no importa. Un día todos habrán leído las palabras una tragicomedia.

JUNO Serás el brindis de la ciudad, el asunto del momento. Está en marcha, y cualquiera que sea alguien estará allí.

Juno apaga la luz del escenario. Está oscuro excepto por la luz de salida de la puerta. Milo se pone el abrigo y Juno y él salen del escenario.

Escena 2

Apartamento 2b, Bairro Alto. Sobre una alfombra de lana gris. Milo leía a Shakespeare en la oscuridad, y Juno sostenía una linterna junto al libro.

"Cuatro días
rápidamente se
sumergirán en noches;
Cuatro noches

rápidamente soñarán
el tiempo".

Juno tiene una
idea.

JUNO ¿No hay antídoto?

MILO Puede que sí, puede
que no.

JUNO Tal vez, en un mundo
diferente.

Más adelante.
Milo tiene una referencia
de anécdotas e ideas,
y Juno abre el libro de

notas sobre una idea
al azar.

JUNO **Descripción de un personaje literario**

Personaje uno, el Guerrero de los Poetas. El Prometeo de las palabras, que dio fuego a la humanidad. Es el traedor de poemas. Con cada verso, convierte en realidad lo que aún no lo es. El personaje Uno utiliza las palabras como espada y como escudo. Sus palabras resuenan por todo Bairro Alto, una llamada a las armas para cualquiera que se niegue a ser silenciado por lo ordinario.

El personaje Dos es la diosa de las ideas y la profetisa del talento. A diferencia de Cassandra, cuyas predicciones fueron ciertas y no creídas, las predicciones del personaje dos son a la vez ciertas y creídas. Ella ve los superpoderes latentes en todo el mundo, y por lo tanto una musa para la rebelión poética. El personaje Dos convoca al personaje uno, cuyas ideas desdibujan la línea que separa la realidad de la ficción. Su carácter es inconfundible y comprendido por todos en el teatro, donde las restricciones de tiempo y

espacio se disuelven en
el escenario.

El personaje Tres es el padrino de la virtud. Aporta magia a través del teatro. Es el productor de arte y la revuelta contra lo ordinario. Incita a las masas a hacer cosas. El personaje Tres es el precursor de una generación. Alimenta la rebelión con un elixir alucinógeno de buenas ideas.

El personaje Cuatro: El Ícaro de la rima y el ritmo, le mueve la emoción y, por tanto, la rebelión contra lo mundano.

Continúa superando los límites de la física y desafía a todo el mundo a sacar el máximo partido de todo, y al igual que el personaje uno, corre el riesgo de volar demasiado cerca del sol de su propio genio.

MILO Qué divina interpretación.

JUNO ¿Hay más?

MILO Lo hay, y tú tienes un papel en este drama.

JUNO ¿Quién soy?

MILO El oráculo de las ideas.

Juno se sube a una escalera.

JUNO Los dados están echados, hagámoslo realidad.

Fundido al teatro.

Escena 3

Milo está en el escenario. El proyector está encendido, y el lee su monólogo al teatro.

MILO

**Un prólogo a esto**

Qué es más que esto, que aquel que comprendió que podía tener lo que quisiera, y que comprendió cabalmente que existe la magia. Qué es más aquel que tiene una idea novedosa y es rechazado, que rechaza las convenciones académicas y desafía las normas establecidas. Más es un polímata en una terraza del

Bairro Alto que lanzó folletos
de un cañón a los caféhoppers
nocturnos en la Rua da Rosa,
y así inició una revolución
de la autenticidad.

Más es Juno, cuyo trabajo
consiste en hacer un contorno
y luego colorearlo. Más está
por encima del arco iris. Más
es el maestro de las palabras
anónimo que pegaba poemas
montados en las paradas de
autobús de Barcelona. Más es
la llegada tardía del antihéroe,
un mito sombrío y legendario
cuyo superpoder es que todo lo
que pone por escrito le sucede.

More es el sol y la luna y las
estrellas, y lo que sea que lo
cola todo. Más es ficción.
Más está sobre el arco iris.
Más está en el papel y en algún
lugar ahí fuera. Más es lo que
tú hagas, y hay más por revelar.
A menos que haya pequeños
monstruos verdes. A menos
que no haya tiempo.

Escena 4

Entre bastidores, cerca
de la máquina de
refrescos. Juno y Milo
toman un refresco de
cola sobre una alfombra
de lana gris.

MILO Palabras palabras palabras, todo lo que tengo son palabras.

Juno enciende un cigarrillo.

JUNO Has estado bajo un hechizo mágico. Probablemente para siempre.

MILO Y aquí estoy, en el suelo contigo, cerca de la máquina de Coca-Cola, sujetando el Universo con palabras en papel y cola.

JUNO Te nominaron exactamente por eso.

Milo hace una pausa.

MILO Ahí está el problema, tener y ser el papel. En el escenario, cuando se apagan las luces y el teatro se tiñe de azul ultravioleta, se comprende que lo que se ve es ficción, pero hay más de lo que parece.

JUNO ¿Qué más?

MILO Tener un antídoto contra el Tiempo, ir más despacio y no ser tan romántico.

Milo tiene un libro de ideas de papel rayado

amarillo con las palabras: Acto 2, los monólogos de buenas noches.

JUNO Léalo mañana, en el escenario y con el proyector encendido.

Salen Milo y Juno.

Más tarde.
Milo está en la Rua de Andrada. Pasa por delante de la ópera y de los cafés de la calle Garret. Camina lentamente hacia la Academia de Belas Artes, y un punto redondo estrellado

cohetea a través da
mesosfera. Se detiene,
y allí tiene una pequeña
revelación, para tener un
antídoto contra el Tiempo
tendría que aprender a
desafiar la gravedad y
moverse a la velocidad
de la luz.

Escena 5

Apartamento 2b.
La radio está encendida.
Despliega un papel de
notas y lee el poema en
voz alta.

# El monólogo de La Luna.

¿A quién va dirigido?
¿Es el PoetaRocketeer cuyas
ideas son demasiado poco
convencionales para las
organizaciones convencionales,
que se lanza a su máquina
de palabras por la noche sin
preocupaciones ni precauciones?

¿Cuándo llega el poeta a leer
su poema de montaje a los
Armonistas en un café de
Barcelona? El micrófono está
encendido y los
incomprendidos no han
tenido su turno.

Escena 6

Un proyector Kodak de
super 8. Se proyecta en la
pared un montaje de
imágenes en movimiento.

**Comienza el montaje.**
Un Mini Cooper azul y rojo.
Un paseo a media tarde en
la Nacional 4. El Alentejo.
Bruma de finales de verano.
Un campo de hierba amarilla
y flores de amapola. Espanha,
130 kilómetros. Una radio FM.
Una copia de la Guía del
Autoestopista del Universo en
el salpicadero. Una caja de gin
tonic en el asiento trasero cerca
de Juno. Un mapa de papel.

Una cámara de 35 mm y una
pistola de agua de plástico
verde neón.

Juno y Milo y Bacchus
fuman un cigarrillo y
encienden la radio.
Milo aprieta el acelerador
y el trío hace zoom hacia
delante.

En el escenario.
Milo tiene el micrófono.
Lee un poema a Juno
y al teatro.

MILO En algún lugar de
Barcelona, alguien con una
imaginación hiperactiva se
lanza a un poema. Tac tac tac

en la noche, palabras palabras
palabras... ¡hasta que por fin! se
tiene un manifiesto de vino en
caja. En eso, y a partir de aquí
un subgénero sin nombre.
Lo que empezó como un
poema se transformó en
un remedio a los lugares
comunes, y por lo tanto en una
generación de descontentos,
un subgrupo de jóvenes
brillantes todos en una idea en
una novela. Que el Universo es
nuestro, y que el pasaporte a
Esto está en nuestros bolsillos
de mezclilla azul. Que hay
polvo de estrellas en nuestro
ADN, y por lo tanto se necesita
algo de magia para hacerlo

realidad, y que tú y yo y casi todos los aquí presentes tenemos los requisitos previos para esto.

JUNO ¡Encore, encore!

MILO No hay encore.

Con una voz que sólo podría describirse como "chocolate marshmallow s'mores".

JUNO A continuación, añade más y renombra tu cuento de hadas casi de ficción In Blue Ink.

Se cierra el telón y Juno sale del escenario.

Milo se acerca al arco del proscenio y, como no hay nadie, finge llevar el telón como una capa azul con capucha.

Escena 7

En la sala de proyección. Milo y Juno se sientan cerca del proyector. Hay una radio de transistores en el suelo, encendida, y Juno ajusta el dial en el

programa de radio La
linterna de queroseno.

Una introducción
La furia de Aquiles, y su casi
invulnerabilidad, excepto por
su talón. Los rayos y
relámpagos de Júpiter.
Los mensajes de Hermes
y el carro dorado de Apolo.

Entra Bacchus, que tiene
cuatro pases de entrada
para el set de disfraces de
Tanqueray, en el Cinema São
Jorge. OCT. 31. 20h.

BACCHUS Cuatro pases
para cuatro Rocketeers.

MILO ¿Hay una contraseña
para esto?

BACCHUS La hay.
entonces.como.ficción.
Está ahí en tinta invisible.

JUNO Tengo una idea
para un disfraz.

MILO Eres Juno, sé tú.

A Milo.
BACCHUS Hay un rayo,
y un arco y una flecha en el
cuarto de los armarios.

Milo y Juno y Bacchus se ponen los abrigos.

MILO

Entonces, vámonos. No hay tiempo que perder.

Escena 8

Primera parte. El previo.

En el apartamento de Milo. Coltrane está en la radio. Hay cajas de pizza en el suelo. Milo y Juno y Bacchus y Sonny toman Pisco sours alrededor de una tapete de juegos en una discusión de mesa

redonda sobre todo lo
que es más, y todo lo
que importa.

Moviéndose lateralmente
de uno a otro, bajo una
lámpara colgante redonda,
y en una neblina de
cigarrillos.

MILO Ahí va una:
Destila grandeza en una sola
alma.

JUNO Miyamoto Musashi.
Luego Miguel Ángel, entonces
Rafael.

BACCHUS Entonces
Shakespeare.

SONNY Para mí, Miguel Ángel. Luego quizá Platón.

MILO ¿Entonces quién?

JUNO Los impresionistas.
BACCHUS Entonces Los Románticos.

SONNY Luego Kerouac. Luego Miles, y hay muchos, muchos más.

MILO Entonces Pablo Picasso.

JUNO

Para mí, en el arte no hay pasado ni presente.

MILO De las dos, ¿palabras en papel o imágenes en movimiento?

JUNO Para mí, el cine.
SONNY Entonces palabras sobre papel.

BACCHUS Yo diría que el cine. Es arte, es ficción, es imágenes en movimiento.

MILO Yo diría que la máquina de escribir portátil.

Juno telefona a un taxi. Sonny esconde una botella de vino tinto en una pequeña bolsa de viaje. Un taxi Mercedes-Benz entra a toda velocidad, y Milo, Juno, Bacchus y Sonny beben sus pisco sours simultáneamente.

Segunda parte.
El baile de disfraces de Tangueray.

Entran Milo y su séquito. Hay papel de confeti azul y rosa en el suelo. El teatro está lleno de lunas de papel. Todo el mundo iba disfrazado, y todos los que son alguien están allí. Los que mueven los hilos. Los cineastas y los actores. Los

románticos. Los universitarios.
La producción teatral. Los
productores. Los baristas
de las cafeterías y los
neoimpresionistas.

Había 2 barras de ginebra,
2 barras de espumante
y 2 pasteles redondos de
chocolate con las palabras
*¿qué encantamientos pueden
venir?*

Un remix de jazz de los
años veinte sonó en la
sala.
Por Milo.
MILO El mundo es nuestro
para reescribirlo.

JUNO Es idea tuya.

Juno da vueltas a
su gin-tonic.

JUNO ¿Cuándo se abre el telón?

MILO Mañana, tal vez.

JUNO ¿Están todos en traje?

MILO Tú y yo y todos los que estamos aquí tenemos un papel en esta imagen en movimiento.

JUNO Eres un mecenas de la narración.

MILO No soy más que un aprendiz.

Juno finge tener un micrófono.

JUNO Eres un romántico, como yo.

Milo desaparece por el teatro. Entran Bacchus y Sonny.

BACCHUS Hola, hola! ¿Donde está Milo?

JUNO Trayéndonos algo de espumante.

Bacchus le hace señas a Milo.

BACCHUS Que sean 3.

SONNY Que sean 4.

Milo regresa con cuatro botellas de espumante; una en cada mano, y 2 en su abrigo.

MILO Errar por el lado de la precaución. Menos hay más.

Milo saca el corcho y se lanza por los aires.

MILO Por los descontentos.

JUNO Entonces, a lo que puede ser.

Lo cuarteto chocan sus
copas unos a otros.

SONNY Por la noche … Que
haya una supernova de papel
confeti, y que esto no tenga fin.

A partir de ahí.

Juno está en la veranda con el
personal del teatro. Bacchus
está en el sofá cerca del bar
Tanqueray, y Milo y Sonny
deambulan por la sala con
una cámara de 35mm.

A partir de las diez y media la
fiesta está animada y la música
booms a través de los woofers,
y hay un reloj en la pared,
y a medianoche todos los

presentes lanzaron confeti
al aire.

El lanzamiento espacial Polaris
Dawn está en la radio, y todos
se reúnen alrededor para
escucharlo, y por lo menos
esa noche hay una sensación
unánime de que el Universo es
nuestro, y todas las cosas son
posibles, y al mismo tiempo en
ningún otro lugar del mundo
que preferiríamos estar.

Tres horas después.
Milo tiene una guitarra de
cuerdas de nailon. Toca una
nana de buenas noches,

y todos en la sala de teatro tararean la letra, y uno tras otro los somnolientos disfrazados se disuelven en la noche estrellada.

Superposición azul y amarilla, y fundido a un apartamento en Chiado. Milo está dormido en el sofá y en medio de un sueño.

**Un montaje de pleno verano.** España, en la A-2. Milo está en un Fiat 850 Merlot '73 bañado por el sol. Él usa una camisa amarilla mostaza. La radio está encendida y las ventanillas bajadas. Él pisa el acelerador, y con Madrid a sus espaldas, avanza a toda velocidad. Barcelona, 500 kilómetros.

Escena 9

Milo está en el escenario, y disfrazado, con un abrigo de lana de gran tamaño y camisa de poliéster y pantalones azules de cuadros.

Juno está en una escalera con una Kodak super 8 sobre Milo. El lee sus líneas en el proyector del teatro.

MILO Un trágico está en su apartamento con una máquina de escribir portátil azul.

10 poemas y un esbozo para una imagen en movimiento.

## En un efecto mecanografiado.

El antihéroe. Una respuesta a la superposición. Cómo matar a un dragón. Cuando llueve, diluvia. De la nada y dentro de ti. El poema de las manoplas. Feliz Navidad. Palomitas de mantequilla y setas mágicas.

El cine y los libros usados
en Barcelona.

El esquema.
Rojo amarillo azul, cojamos mi
coche. Vino en caja superluna
constrúyeme una máquina del
tiempo. Buenas noches,
adiós, lo haría todo otra vez.

Sustrae el contorno de la
máquina, y a partir de entonces
el teatro y la ficción y el Mundo
Real se disuelven en uno.
Lo que comenzó como una
idea abstracta se transforma en
un objeto del Mundo Real.
Sobre el papel y en el escenario
es invencible, y puede hacer y

ser lo que quiera. Pero en el Mundo Real hay un defecto trágico, y por cada ventaja, hay una desventaja.

Escena 10

Entre bastidores.
Milo y Juno están en el vestuario. Milo se está probando trajes.

Entra Bacchus como una tempestad se avecina.

Él cae sobre la ropa en el suelo, en un tono melancólico, lee el

memorándum a Milo
y Juno.
BACCHUS Del Bairro Alto
Messenger: Teatro Meta
cerrará en mayo. Suscrito, la
Malvada Organización S.A.

Una nube de trueno gris
oscuro parece cernirse
sobre la habitación.
BACCHUS El papel estaba
pegado a la puerta de
bastidores. No hay teatro,
y no hay Luces y Sonidos.

# ACTO II

## Escena 1

De noche, en Cascais,
en el puerto. Milo y Juno
están en el coche.

MILO Cómo asombrosamente
se pone el sol, ¿y para qué?

JUNO Lo pasado, pasado
está. El sol se ha puesto,
pero no para ti ni para mí.

MILO No importa.

JUNO Me importa a mí y te
importa a ti. Nos importa,
y hay más de nosotros ahí
fuera, en el telón de fondo
esperando su turno,
y comprando su tiempo.
Lo sé porque los he visto,
en Barcelona y en Roma y en
Bairro Alto, en los cafés, en el
tranvía, en las librerías, al
fondo de la sala, cerca de los
libros de filosofía. Están por
todas partes, si sabes cómo
buscar. La gente normal no
puede verlo porque la gente
normal no sabe ver las cosas
con sus grandes ojos redondos.
MILO Va en contra de todo.

JUNO Entonces, debemos ir a contracorriente. Tú y yo debemos tomárnoslo a pecho. Usarlo como gasolina. Las palabras son como granadas, llénalas de flores y mátalas con belleza.

Es todo lo que tú y yo realmente tenemos.

Escena 2

Milo está en el sofá. En el suelo hay Una Tragicomedia. En la pared hay un póster de La Ilíada. Milo parece salir de un sueño y, como en la ficción, tiene una idea. Milo dobla el primer acto en aviones de papel y los lanza uno a uno a través de la ventana abierta hacia la noche. Sin que Milo lo sepa, Juno está sentada en el coche. Los aviones de papel hacen ¡zuum! por el aire y llegan a la avenida. Juno hace lo que hace Juno y "emerge de su carroza" y, como en la ficción, salva a todos y cada uno de ellos.

Más adelante.

Milo tiene una caja rectangular marrón con las palabras *Save For Tomorrow*. En la caja hay un almanaque de filósofo aficionado. Una Tragicomedia, acto 3, con una historia paralela con dos resoluciones diferentes, una trágica y otra no tan trágica. Una radio de transistores y un cuaderno con las instrucciones de cómo construir una máquina del tiempo.

Añade una diapositiva Kodak de él y Bacchus y Juno en su coche, y un poema que decía:

> Distanciarse de lo
> establecido. Rebélate
> contra la norma.

Escena 3

Lapso de tiempo hasta el teatro. Juno está en el escenario. Entra Milo en el plató.

A las cortinas.

MILO Lo que sube, tiene que bajar.

A Milo

JUNO Vos habéis hecho bien.
Harías mejor en saberlo.
Tanta dulzura es tan poco
común, y con ese sentido
estás abultando las costuras.
Se puede hacer magia,
así que inténtalo de nuevo.
Lo harás suceder.

MILO ¿En qué teatro? Aquí no
hay nadie. Bajará el telón,
¿y entonces después qué?
Ay, tener una almohada para
soñar. Ser como el póster
en la pared, cosas jóvenes
y brillantes.

JUNO Puede que las
corporaciones tengan el
escenario, pero no nuestras
ideas. Eso está en el papel,
y contigo. El héroe de ficción
volverá, y cuando lo haga
volverá con la más dulce
venganza. Salvará el
crepúsculo. Tendrá su
hora dorada.

MILO Con cualesquiera palabras que sobren.

JUNO No nos ha dejado otra opción que hacer lo que queramos.

MILO

**Rebobina la cinta hasta el acto 1, escena 4.**

En la oscuridad, el protagonista espera su momento. El proyector está encendido y él entra lentamente en el escenario. Aquí no hay nadie más que nosotros, y no hay razón para tener miedo, porque no

hay tal cosa como un
'fantasma de la ópera.'
Es decir, hasta que lo hay.

A Juno.
BACCHUS Esto es un apogeo,
si es que alguna vez hubo uno.
Es un intento de trastornar lo
ordinario. Más que palabras
en papel, un manual para los
descontentos. Para los que se
atreven, de los que se atreven.
Debe haber un nombre para
la causa, y debe haber un
superhéroe. Él debe ser fiel a
su palabra y un gigante entre
los hombres. Él debe ser todo
en. Él debe llevar sus colores y

actuar como si fuera
la diferencia.

Tracemos una línea en la arena. No podéis retroceder aquí, y no podéis borrar ni una sola palabra. Que sirva de ejemplo para lo bueno y lo malo y lo divino. ¿No hay tiempo? ¿A dónde va entonces la estrella del espectáculo, no comprende lo importante que es? Puede que no haya despertado de su sueño, pero debe haber comprendido que la vida no es más que un sueño. Él debe poner el despertador. Él debe entrar

en el teatro y llevarse consigo
sus ideas somnolientas.

La noche está a punto de
llegar y es hora de hacer
el papel.

Por Milo

JUNO

Esas botas están hechas
para caminar, y tú
también.

Al proyector.

MILO ¿Es que no tiene sentido
fabricar lo que no existe?

JUNO

Los dioses te han permitido un genio sin paralelo, úsalo a tu ventaja.

MILO Qué amenaza el tiempo. ¿No hay amenaza más malvada para esto? ¿No hay nadie peor?

JUNO Tienes que hacer tiempo. Tienes que tener una idea, y tiene que ser más grande que la vida entera.

MILO Entonces, como en las imágenes en movimiento.

JUNO Más que nunca antes.

Milo tiene una idea.

MILO Está la opción b, construir un teatro. Comprar un proyector, luces de escenario y vestuario. Luego haz un anuncio. Hágalo un poema, luego haga copias. Luego pégalas en cafés y teatros por todas partes. Empieza en Lisboa, luego en Porto. Luego Madrid, luego Barcelona y luego Roma. Luego Berlín, y luego Holanda. Luego Bogotá, luego Buenos Aires. Luego Hawai, y luego Nippon.

JUNO Puedo hacer el arte.

BACCHUS Puedo hacer fotocopias.

MILO Y puedo comprar la cola.

Hay un avión de papel en el suelo. Él despliega el papel y lee lo que contiene.

MILO Domina tus superpoderes. Aprende a pensar como eres el único, y aún hay más.

BACCHUS No es una exageración, y tampoco es ficción, realmente tienes que ser la metáfora, y hacer lo que tengas que hacer para que suceda. Lo triste es que Juno y tú y yo lo somos los últimos de una generación, y el teatro ya no existe.

MILO Hay más de nosotros, en algún lugar por ahí.

Juno está en la escalera, y Milo cerca del telón.

A los palcos del teatro.

JUNO
Quiero volver al pasado y empezar de nuevo. Al cine-teatro. A los carteles de cine de la pared. Al Moulin Rouge.

A *Années Folles* y los cafés de
Montparnasse. A un
apartamento de 30 metros
cuadrados. A los diálogos
nocturnos, y a la noche.
    Lo llevas dentro.
    Lo harás realidad.

MILO
Necesitaré más tiempo.
Necesitaré una máquina de
escribir portátil y papel,
y necesitaré algo de magia.

BACCHUS
    Tienes todas las palabras
    que puedas necesitar,
    cada una vale su peso
    en oro.

JUNO ¿Tomaste precauciones?

MILO

Había gárgolas por todas
partes, y no fue
suficiente.

JUNO Tienes una villa en España rodeada de parras. Tienes vino rojo. Cada agosto, los dioses disfrazados de luciérnagas te visitan en el balcón. Tienes una máquina de escribir y papel. Tienes una radio a pilas. ¿Qué más hay?

Hay 2 escaleras de teatro
en el escenario, y Milo

y Bacchus suben a la escalera cerca de Juno.

MILO Brindo por lo que sea esto. Por nosotros. Por los melodramáticos. Por lo que fue, y por la agridulce venganza.

BACCHUS Hay la opción b.

Al teatro, como si se avecinara una tormenta tropical.

JUNO Ya hay suficiente mal en el mundo. Seamos una fuerza del bien y hagámoslo explotar con todo.

BACCHUS No hay tiempo.

JUNO Hay tiempo, hay el Maciuss.

MILO Sobre el papel, tal vez.

Juno se baja hasta la marca de cinta en el suelo como si fuera su. gran. momento.

JUNO **Quién es Maciuss sino un personaje inventado,** un superhéroe cualquiera y un poeta y una musa. Haz como si estuvieras en un escenario. Ahí está el micrófono, léenos un poema. Levanta el telón, y poned el público a tope.

Oh capitán, mi capitán,
subiríamos al pupitre de una
escuela para ti. Puede que
muramos aquí en esta colina,
pero entonces viviríamos
para siempre.

No hagas caso a los
antagonistas, aquí hay más.
Y así, no te preocupes, pronto
conquistarás el mundo en tus
propias palabras, y en 24
fotogramas por segundo.
Pero hasta entonces, dinos
qué es lo que te hace ser tú.
¿Es el tiempo, o son las
palabras sobre el papel?

Oh Pomegranate angel,
que érase una vez en Lisboa
dividió una granada en tercios,
uno para mí, otro para ti y otro
para Calíope, cuéntame cómo
solías llevar una *máquina de
palabras* en los proyectos de
investigación de mitología.
Cuéntame cómo cuando
tenías trece años solías fingir
que eras guardián de universo.
Cuéntame que no tenías miedo
a la oscuridad, y que no hay
tal cosa como monstruos.
A los distraídos cuyas ideas
exageradas no pueden llegarle
pronto, he pensado mucho en
ello, todo poeta tiene una
musa, y todo superhéroe tiene

una limitación. Por eso todo el
mundo quiere saber, qué te
hace ser tú. ¿Es la venganza?
¿Es el amor, o la idea de él?
Hay un tren a Hendaya a las 10
de la mañana. Trae el antídoto,
y empecemos de nuevo.
El cuento para dormir llega
casi a su fin, y tú tienes 43
años. Oh, pero eso no importa;
eres joven para mí, es el tiempo
que no se detendrá.

(Una ronda de aplausos.)

MILO ¿Hay alguna
alternativa?

BACCHUS No ser normal es un requisito previo. No se puede estar en misa y repicando.

MILO Quiero conquistar el mundo, arrebatárselo a las corporaciones y devolvérselo a los descontentos.

BACCHUS No existe tal cosa. No aquí. No en este tiempo. No para los que hacen negocios.

MILO Lo hay para mí y lo hay para ti.

JUNO El arte existe porque es necesario, y siempre es necesario.

Una pausa dramática.

MILO Eres un romántico hasta la médula.

JUNO ¿No hay más magia?

A Juno, en el suelo.

MILO La magia está en las palabras. Por eso las gotas de lluvia son azules. Lo pondré sobre el papel, y tú puedes colorearlo.

Por Milo.

JUNO Tú rubricas cómo ser
sobrehumano. A veces yo
pienso que tú no eres
de este mundo.

Salen Bacchus y Juno.

Milo se vuelve hacia el
operador de proyección.
Él le dice adiós, y una a
una, se apagan las luces.

## ACTO III

Una mariposa aletea sus alas y provoca un huracán al otro lado del mundo.

Escena 1

Por la noche.

Gran plano de un cine en Bairro Alto. Luego a Milo en el fondo del cine, bajo el haz del proyector. Milo está en su asiento con un refresco de cola mediano. Las palabras se

proyectan en su camiseta
blanca lisa.

Una sucesión de colores
retro. Mandarina y azul y
marrón.

Introducción.
A la generación de ideas,
un ethos, un manual de uso
para fabricantes de ideas.
Haz tiempo para que la idea
aflore, y verlo hasta el fin.

Escena 2
Tres fotogramas horizontales se reproducen simultáneamente en la pantalla.

Fotograma uno.
Milo está frente a su máquina de escribir, cumpliendo una promesa que hizo al Universo. Tac tac tac, teclea hasta bien entrada la noche. Las palabras parecen saltar de la página hasta que, finalmente, se produce una metamorfosis. Tiene un antídoto para el tiempo.

Fotograma dos.
Juno está en su coche en un
semáforo. El semáforo se pone
verde, luego amarillo y luego
rojo. Mozart está en la radio,
y no se mueve, y de nuevo el
semáforo se pone verde,
luego amarillo, luego rojo.
Esta vez Juno pisa el acelerador
y haz zoom hacia delante.

Fotograma tres.
Bacchus está en el sofá con un
billete de Renfe a Barcelona,
vía Madrid. Se mete el billete
en el bolsillo y se pone el
abrigo.

Escena 3

Un café en la Rua Garret. Juno está en una mesa del fondo. Milo está en un traje de vuelo azul.

Él y Bacchus piden un café.

BACCHUS El teatro será destruido, y entonces el Meta no será más.

JUNO ¿Qué nos pasará?

BACCHUS Nos devolverán a los archivos.

JUNO ¿Cuál es la opción 3?

MILO Necesitaremos un nuevo teatro, y más actores de teatro, de esos que no temen a los monstruos, y que leerán a Shakespeare en la oscuridad. Necesitaremos un idiota romántico. Necesitaremos luces y un proyector, y una idea tan increíble que será casi imposible expresarla con palabras.

JUNO La magia se está desvaneciendo.

BACCHUS Quizá haya otro contrato.

MILO No. Por desgracia,
no hay tiempo.

Bacchus hace una
pausa.

BACCHUS Por los románticos
idiotas, que no tienen miedo,
y a veces lo consiguen.
Que jadean ante la idea de
perderlo todo, y lo hacen de
todos modos. No prestes
atención a la incertidumbre y
no te preocupes. Pon tus ideas
sobre el papel y sigue adelante
con lo que tienes.

Sólo necesitas tiempo y
presión, y tendrás tu
poema de venganza.

Milo le entrega a Juno un libro usado.

JUNO ¿Qué pasa?

MILO Un manual sobre monstruos, fantasías y pesadillas.

JUNO ¿Quién es el autor?

MILO Una persona anónima, aunque no estoy seguro de que sea una persona.

Bacchus se levanta y se sube a una silla como si estuviera en un escenario y tuviera algo importante

que decir. Todos en el
café se giran y miran.

BACCHUS Por Milo, de un dramático a otro. El superhéroe que hay en ti volverá, y en ese tiempo habrás aprendido que siempre lo fuiste, y como todos los superhéroes habrás aprendido a usarlo para el bien y en lo que quieras. Con el tiempo sucumbirás a tus vicios y te convertirás en el villano o te verás obligado a elegir entre quién eres y lo que realmente quieres.

Llega el tranvía 28.
Milo lo ve como una
llamada a la acción.

MILO El telón se bajó,
y nuestro espectáculo de la
noche ha terminado.

JUNO ¿A dónde?

Una pausa dramática.

MILO Roma. Tengo una cita
con los dioses.

Milo y Juno y Bacchus
hacen un círculo, y lo
que empieza como un
abrazo en grupo termina
con una llamada al
escenario.

MILO Que te vaya bien. Que haya oro al final del arco iris.

JUNO Partir es una dulce dolor.

Bacchus se despide y sale del café.

JUNO Adiós, Milo.

MILO Adiós.

Escena 4
Milo está en su coche, a toda velocidad por la avenida. Llega a señal de no girar en rojo, y gira hacia el teatro. Deja el coche cerca de la puerta entre bastidores y se acerca a la puerta con un pesado mazo de hierro que lleva al hombro. Él se mueve hacia atrás, y abre de golpe el candado. Él abre la puerta, y entra en el teatro.

Milo camina lentamente hacia el escenario. Abre el telón, hace una pausa y fija su atención en el teatro, en el arte de la pared. Todas las musas estaban allí:

Calíope, Clío, Polimnia,
Euterpe, Terpsícore, Erato,
Melpómene, Talía y Urania.
No dice ni una palabra, ni falta
que le hace. Sabe que ellas
saben que sus ideas están
sobre el papel, y que las.
lee a menudo, a veces a
La Luna, y a veces a un
teatro de tres.

Milo se sienta en
una escalera.
En el escenario hay una
caja de carteles de teatro.
Imagina en su mente una
sala llena de gente disfrazada,
cada una con un programa

de Fiction Incorporated,
y un bolsillo lleno de lunas
de papel.

En el escenario, y
disfrazado, él lee su
poema de los
vengadores.

## El monólogo del código de vestimenta.

A cualquiera que fuera diferente, que fuera empujado al margen, que tuviera que ajustarse a las ideas normales o marcharse. Vístete como quieras. Sé quién quieras ser. Ponte el disfraz y actúa como

quieras actuar. No hay opción
b, y las ideas en nuestra mente
es todo lo que tendremos.
El escenario está montado,
y así no importa con las gotas
de lluvia. Ponte los zapatos,
y camina bajo la lluvia.

No pierdas lo que te hace
ser tú. El mundo es tuyo,
y cuando se levante el telón
y empiece el espectáculo,
sé el contra veneno de lo
que quiera deshacerte.
Pon tus ojos deslumbrados
en la estratosfera y prepárate
para todo que suceda.

¿Existe tal cosa como
magia? Puede que sí,
puede que no.
Pero, podemos fingir.

Milo pausa cerca de la
cortina. … A los deuses
do teatro.

**Dulce Calíope, las palabras no son baratas.**

Bajo los rayos de la luna, donde
tú y yo y Bacchus teníamos un
pacto de caballeros, que yo
pondría todo lo que se reluce
y brilla sobre el papel, y que
se me permitirían todas las
ventajas, y tú tendrías tus poemas

nocturnos. Con ese fin,
nuestro trabajo ha terminado.
El sol mandarín se ha puesto,
y lo que queda es un tipo en
un escenario con una camisa
hawaiana. Está disfrazado y
ha cumplido su acuerdo. Cómo
elude entonces lo melodramático,
a menos que todo el mundo sea
un escenario. Es entonces una
nana de despedida, un apretón de
manos secreto a los aficionados
al teatro de todo el mundo.
Ay, el mundo necesita un
poema de venganza,
una llamada a la acción:
    Salvar el cine. Salvar
    teatro. Salvar ideas.
    Al micrófono fingido.

**No soy más que un aprendiz de poeta.**

No hay idea tan inverosímil, y nadie tan loco para tener una idea, y por tanto a fabricar un mundo que no existe más que sobre el papel. Exagerará cada palabra, y ¡he aquí! como por arte de la magia lo que está en el papel sucede de verdad. Puede que tenga que mover la velocidad de la luz, y puede que tenga que reorganizar las estrellas para hacerlo, pero tendrá su libro de cuentos de la noche de verano. Puede que tarde una eternidad, pero eso no importa: un día tendrá

su redención, y se pensará
en ella para siempre, y nunca
caducará realmente.

Milo se gira para la salida
del teatro en el escenario.
Hay una bombilla de 30
vatios. La enciende, y así,
cuando no hay nadie,
y para no sabotear el
escenario, para que los
fantasmas teatrales del
pasado puedan brincar
en la noche.

**Escríbanos**
nova ink printhouse
Rua de Alcamim, 21
Elvas, PT 7350-014

matdemelo.info

nova ink printhouse
@proton.me

Milton Keynes UK
Ingram Content Group UK Ltd.
UKHW040959031124
2543UKWH00043B/255